GW01539877

THE NIKE ERA

STRESS PHOTOBOOKS

NIKE
AIR

AIR

"VUITTON"

NIKE
KOREA

NIKE
A

NIKE
NIKE PRO

ATERS
ATERS

65

Health.

ALL STAR
Taylor

NIKE

NIKE

JBL
NIKE

NIKE AIR
AIR FORCE 1
AIR

AIR

NIKE

NIKE
AIR

AIR

NIKE

NIKE

NIKE

NIKE

NIKE

"SHOELACES"
Beaverton, Oregon USA
c. 1985
"SHOELACES"
NIKE
NIKE

NIKE
AIR

AIR
"SHOELACES"

NIKE

無政府

NIKE
AIR
just Do it.
AIR

NIKE
SB

G

D

B

Y

E

END

END

END

Printed in Great Britain
by Amazon

72209251R00056